Baleines et dauphins

écrit par **Christiane Gunzi**
traduit par **Aurélie Duthoo**

Édition originale parue sous le titre :
My Best Book of Whales and Dolphins
© Macmillan Children's Books 2001,
une division de Macmillan Publishers Ltd., Londres
Illustrations : Michael Langham Rowe, William Oliver
et Jim Channell

Pour l'édition française :
© 2001, 2008 Éditions Nathan, Paris
© 2011 NATHAN pour la présente édition
Réalisation : Archipel studio
Coordination : Véronique Herbold,
avec la collaboration d'Aurélie Abah
N° éditeur : 10173558
ISBN : 978-2-09-253267-6
Dépôt légal : octobre 2011
Conforme à la loi n° 49-956 du 16 juillet 1949
sur les publications destinées à la jeunesse.

Imprimé en Chine

LES QUESTIONS DU LIVRE

4 Qu'est-ce qu'un cétacé ?

4 Dauphin ou marsouin ?

5 Où vivent les grandes baleines bleues ?

6 Qui sont les ancêtres des cétacés ?

6 Quand ont-ils vécu ?

7 Comment ont-ils évolué ?

8 Combien de cétacés y a-t-il aujourd'hui ?

8 Les baleines peuvent-elles se camoufler ?

10 Où vivent dauphins et marsouins ?

10 Un dauphin rose ?

12 Les cétacés peuvent-ils sauter hors de l'eau ?

12 Pourquoi les baleines sautent-elles ?

13 Les dauphins sont-ils joueurs ?

14 Les cétacés se bouchent-ils le nez pour plonger ?

14 Pourquoi soufflent-ils de l'eau ?

15 Qui est le meilleur plongeur ?

16 Qui appelle-t-on la « baleine tueuse » ?

16 Comment chassent les orques ?

17 Que trouve-t-on au menu des cétacés à dents ?

18 À quoi servent les fanons des baleines ?

18 Que mangent les cétacés à fanons ?

18 Comment la baleine pêche-t-elle ?

19 *Les baleines boivent-elles de l'eau ?*

20 *Les cétacés discutent-ils ?*

20 *Les dauphins peuvent-ils crier ?*

21 *Quel cétacé sait « chanter » ?*

22 *À quoi jouent les lagénorhynques ?*

22 *Qui saute le plus haut ?*

23 *Où vivent les orques ?*

24 *Où naissent les bébés cétacés ?*

24 *Que se passe-t-il à la naissance du bébé dauphin ?*

24 *Les baleines grises voyagent-elles ?*

26 *Quels dangers menacent les cétacés ?*

26 *Que faut-il faire si un cétacé s'échoue ?*

27 *La pêche au thon menace-t-elle les dauphins ?*

28 *Hommes et dauphins sont-ils amis ?*

28 *Peut-on nager avec les dauphins ?*

28 *Combien de saltos ?*

30 *Pourquoi étudie-t-on les cétacés ?*

30 *Peut-on suivre un dauphin à la trace ?*

30 *Keiko est-elle libre ?*

31-32 *Glossaire et index*

Qu'est-ce qu'un cétacé ?

Les cétacés sont des mammifères ; ils sont présents dans tous les océans. Ils comptent parmi eux les plus grosses créatures vivantes, et la grande baleine bleue est le plus gros animal ayant jamais existé. Les cétacés à dents sont les dauphins et les marsouins ; les cétacés à fanons sont les baleines grises, les rorquals et les baleines franches.

La grande baleine bleue adulte peut atteindre une longueur de 33 mètres et peser jusqu'à 190 tonnes.

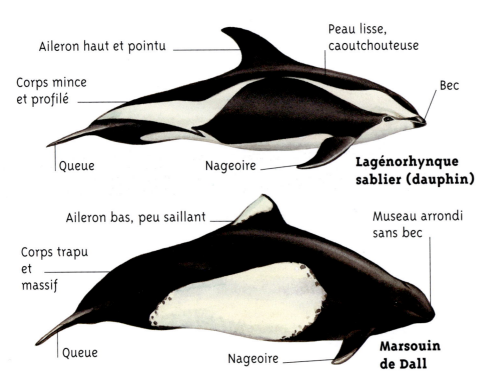

Lagénorhynque sablier (dauphin) — Aileron haut et pointu, Peau lisse, caoutchouteuse, Corps mince et profilé, Bec, Queue, Nageoire

Marsouin de Dall — Aileron bas, peu saillant, Museau arrondi sans bec, Corps trapu et massif, Queue, Nageoire

Dauphin ou marsouin ?

Les marsouins et les dauphins sont bien plus petits que les baleines. Le dauphin a un corps mince avec un aileron pointu. Il a aussi un bec. Le marsouin n'a pas de bec, son aileron est plus bas et moins pointu.

Le baleineau tète 600 litres de lait par jour pendant sept mois avant de passer à une autre nourriture.

Où vivent les grandes baleines bleues ?

Les grandes baleines bleues passent l'été dans les mers polaires où abonde le plancton. En hiver, elles migrent vers des eaux plus chaudes pour se reproduire. Les femelles donnent naissance à un petit tous les deux ou trois ans. À sa naissance, le baleineau pèse jusqu'à trois tonnes !

Qui sont les ancêtres des cétacés ?

Il y a environ 55 millions d'années, certains mammifères vivant sur la terre ferme retournèrent à la mer, peut-être pour y chercher de la nourriture. Pendant les millions d'années qui suivirent, leurs descendants s'adaptèrent à la vie marine et se transformèrent en cétacés. Deux de ces tout premiers cétacés étaient le Basilosaurus et le Durodon.

Quand ont-ils vécu ?

Le Basilosaurus vivait entre 38 et 45 millions d'années avant notre ère, et le Durodon il y a 25 millions d'années. Le Basilosaurus mesurait près de 23 mètres de long et pesait au minimum cinq tonnes. C'était un carnivore qui chassait d'autres créatures marines.

Le Basilosaurus avait de grandes dents pour attraper d'autres créatures marines.

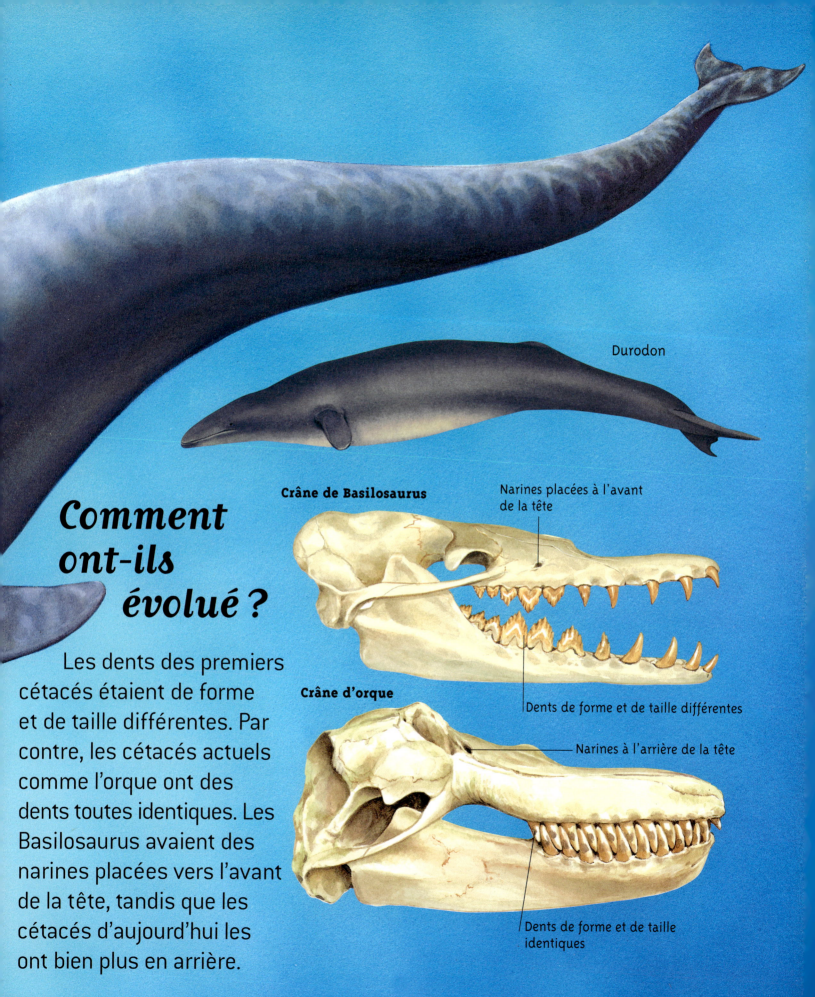

Durodon

Crâne de Basilosaurus

Narines placées à l'avant de la tête

Crâne d'orque

Dents de forme et de taille différentes

Narines à l'arrière de la tête

Dents de forme et de taille identiques

Comment ont-ils évolué ?

Les dents des premiers cétacés étaient de forme et de taille différentes. Par contre, les cétacés actuels comme l'orque ont des dents toutes identiques. Les Basilosaurus avaient des narines placées vers l'avant de la tête, tandis que les cétacés d'aujourd'hui les ont bien plus en arrière.

Combien de cétacés y a-t-il aujourd'hui ?

On compte 11 espèces de cétacés à fanons et 68 espèces de cétacés à dents, parmi lesquels les dauphins et les marsouins. Certains cétacés, comme la grande baleine bleue et la baleine à bosse, sont énormes ; d'autres sont plutôt petits. Le cachalot nain est l'un des plus petits et sa tête ressemble à celle d'un requin. Le narval est l'un des plus étranges. Le mâle a une longue défense sur le devant de la tête, comme une licorne.

Baleine à bec de Sowerby
(jusqu'à 5 m et demi)

Hypéroodon (jusqu'à 10 m)

Les baleines peuvent-elles se camoufler ?

La plupart des baleines sont bleues ou grises comme la mer, ce qui leur permet de se fondre dans leur environnement. Les bélougas sont blancs, les narvals marbrés de noir et de blanc, ce qui les aide à se camoufler dans les eaux arctiques.

Bélouga (jusqu'à 5 m et demi)

Rorqual de Rudolphi ou sei
(jusqu'à 18 m)

Petit rorqual
(jusqu'à 10 m)

Narval (jusqu'à 5 m sans la défense)

Où vivent dauphins et marsouins ?

Il existe plus de 30 espèces de dauphins et 6 espèces de marsouins. La plupart des dauphins vivent dans l'océan. Certains, comme les dauphins d'eau douce, vivent dans des fleuves. On rencontre des marsouins en petits groupes près des côtes. Les dauphins et les marsouins se ressemblent beaucoup, mais ils appartiennent à des familles distinctes.

Dauphin de l'Indus
(jusqu'à 2 m et demi)

Un dauphin rose ?

Les dauphins d'eau douce ont un très long nez et de tout petits yeux, certains sont même aveugles. Généralement de couleur grise ou crème, il en existe aussi des roses !

Dauphin commun
(jusqu'à 2 m et demi)

Grand dauphin
(jusqu'à 4 m)

Dauphin à bosse
(jusqu'à 3 m)

Dauphin de Risso
(jusqu'à 4 m)

Les cétacés peuvent-ils sauter hors de l'eau ?

Oui, tous les cétacés sont de véritables acrobates capables de sauter hors de l'eau. La plupart des baleines, des dauphins et des marsouins sont d'impressionnants nageurs. Ils vivent en général en groupes. Les groupes importants sont appelés bancs, et un seul banc peut comprendre plusieurs milliers de dauphins.

Saut d'une baleine de Biscaye

Pourquoi les baleines sautent-elles ?

Personne ne sait. Peut-être est-ce juste pour le plaisir ! Quoi qu'il en soit, le saut des baleines est spectaculaire : elles sortent tout entières de l'eau puis retombent dans un grand « splash ».

Des crustacés (poux de mers) vivent sur la tête de cette baleine, fixés sur des excroissances cornées.

Dauphins bondissant hors de l'eau

Les dauphins sont-ils joueurs ?

Oui, les dauphins sont des créatures très joueuses. Ils aiment faire la course dans l'eau et bondir dans les airs en décrivant un arc de cercle. Certains sont capables de bondir verticalement hors de l'eau et de tourner plusieurs fois sur eux-mêmes !

Les cétacés se bouchent-ils le nez pour plonger ?

Baleines et dauphins respirent par des narines, appelées évents, situées sur le dessus de la tête. Les cétacés à fanons ont deux évents, et les cétacés à dents un seul. Les évents s'ouvrent quand l'animal remonte à la surface pour respirer, et se referment quand il plonge. Certains cachalots peuvent retenir leur souffle sous l'eau durant deux heures.

Les deux évents laissent échapper deux jets de vapeur.

Baleine de Biscaye

Le jet de vapeur est bas.

Baleine du Groenland

Le jet de vapeur est orienté vers la gauche.

Cachalot

Pourquoi soufflent-ils de l'eau ?

Le jet qui sort des évents est l'air chaud expiré par le cétacé et qui contient de la vapeur d'eau. Les scientifiques identifient les cétacés à la forme de leurs jets de vapeur.

Le jet de vapeur est haut.

Rorqual de Rudolphi

14

Le cachalot sort la queue hors de l'eau lorsqu'il plonge pour attraper des poissons et des calmars au fond de la mer.

Qui est le meilleur plongeur ?

Le cachalot est le plus gros cétacé à dents avec ses 18 mètres de long. C'est aussi le meilleur plongeur. Il peut descendre plus profond que tous les autres mammifères marins, jusqu'à 2 000 mètres ou plus. Quand un cachalot remonte à la surface pour souffler par son évent, il produit un gros nuage de vapeur et un bruit tonitruant, comme une explosion !

Qui appelle-t-on la « baleine tueuse » ?

Comment chassent les orques ?

C'est l'orque, car elle est le seul cétacé qui chasse d'autres mammifères marins. Ses dents pointues et coniques l'aident à se saisir de sa proie. Les orques mangent des phoques et des dauphins, et attaquent parfois d'autres baleines. Les dauphins, les marsouins et les cachalots sont aussi des cétacés à dents. Ils se nourrissent de poissons et de calmars.

Les orques se mettent à plusieurs pour attraper leur proie, puis partagent le butin entre elles. Elles chassent des phoques qui nagent près du rivage. Il arrive qu'une orque s'échoue sur le rivage en tentant d'attraper un phoque.

Les orques ouvrent grand leur gueule pour saisir leur proie.

Orque

Que trouve-t-on au menu des cétacés à dents ?

La plupart des cétacés à dents se nourrissent de poissons, de calmars et de pieuvres. Les orques attrapent parfois des oiseaux et des tortues !

Calmar

Pieuvre

Hareng

Phoque

À quoi servent les fanons des baleines ?

Les baleines à bosse sont des cétacés à fanons. Les fanons sont de longues lames cornées, fixées à la mâchoire supérieure, qui servent à filtrer la nourriture. Quand la baleine avance, l'eau rentre par sa gueule ouverte. Quand elle referme ses mâchoires, l'eau est expulsée et de minuscules créatures sont retenues dans la gueule par les fanons.

Le « filet de bulles » d'une baleine à bosse

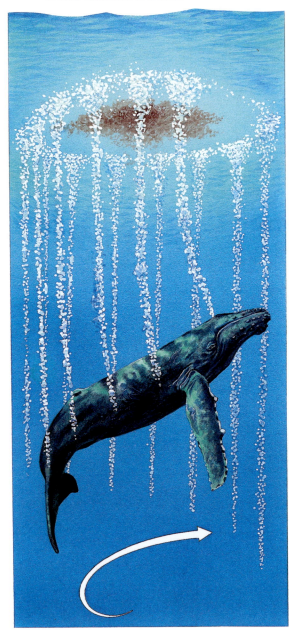

La baleine à bosse remonte à l'intérieur de son filet de bulles pour manger le krill emprisonné à la surface.

Les petits crustacés qui forment le krill mesurent jusqu'à 5 cm à l'âge adulte.

Que mangent les cétacés à fanons ?

Les cétacés à fanons se nourrissent surtout de krill – de petits crustacés qui ressemblent à des crevettes – et de plancton. Une baleine à bosse peut manger plusieurs tonnes de krill chaque jour.

Comment la baleine pêche-t-elle ?

La baleine à bosse remonte à la surface en décrivant une spirale et en rejetant de l'air par son évent. Les bulles forment des colonnes qui, telles un filet, retiennent le krill prisonnier.

Les baleines boivent-elles de l'eau ?

Quand une baleine à bosse avale de l'eau, les sillons qui strient sa gorge se distendent pour qu'elle puisse engloutir plus de nourriture. Celle-ci seule reste prisonnière, alors que l'eau est rejetée dans la mer en passant par les fanons.

La baleine à bosse a plus de 800 fanons.

Sillon

Fanon

Les cétacés discutent-ils ?

Les dauphins émettent des sifflements, des gémissements, des cliquetis et des glapissements pour communiquer entre eux, trouver leur route et localiser leur nourriture. Les cliquetis voyagent sous l'eau et sont renvoyés par les obstacles, sous forme d'échos qui reviennent au dauphin. Cela s'appelle l'échodétection. Les sons produits par les cétacés à fanons sont les plus puissants de tout le règne animal. Le « chant » des baleines parcourt des kilomètres sous l'eau.

Faux-orque agitant sa queue

Parfois, les cétacés frappent de leur queue la surface de l'eau pour indiquer aux autres où ils se trouvent.

Des bulles s'échappent de son évent lorsqu'un dauphin envoie des sifflements à ses compagnons.

Dauphins tachetés de l'Atlantique

Les dauphins peuvent-ils crier ?

Oui. Quand ils se querellent, ils poussent des cris rauques. Les dauphins peuvent ouvrir la gueule sous l'eau, car ils respirent par leur évent et non par la gueule.

Quelquefois, les cétacés sortent la tête de l'eau et font bruyamment claquer leurs mâchoires pour signifier aux autres qu'ils doivent rester à distance.

Globicéphale faisant claquer ses mâchoires

Chaque dauphin émet un sifflement particulier.

Quel cétacé sait « chanter » ?

C'est le bélouga. On le surnomme le « canari de la mer », car il dispose d'un très large éventail de sons. Les bélougas font aussi des grimaces, qui sont peut-être des signaux pour les autres bélougas.

Le bélouga est le seul cétacé à pouvoir changer la forme de ses lèvres.

Quand les lèvres du bélouga se recourbent, on dirait qu'il sourit.

La bosse graisseuse que le bélouga a sur la tête peut elle aussi changer de forme.

Quand la bosse est grosse, c'est peut-être que le bélouga envoie des signaux à d'autres.

À quoi jouent les lagénorhynques ?

Les lagénorhynques obscurs sont amicaux et jouent beaucoup. Ils aiment accompagner les bateaux et sauter très haut dans les airs. Ils vivent en groupes rassemblant des dauphins d'âges différents. Les lagénorhynques ont une nourriture variée qui comprend des calmars et des poissons d'eaux profondes.

Lagénorhynque obscur effectuant un saut vrillé

Qui saute le plus haut ?

Le lagénorhynque est sans doute le plus acrobate de tous les dauphins. Il peut s'élever jusqu'à cinq mètres au-dessus de l'eau pour faire un saut vrillé puis retomber sur le dos dans un grand « splash ».

Groupe de lagénorhynques faisant la course avec un bateau de touristes

Où vivent les orques ?

Les orques, également appelées épaulards, sont présentes dans tous les océans, en particulier dans les eaux froides de l'Arctique et de l'Antarctique. Elles vivent et chassent en groupes familiaux appelés pods. Un pod peut regrouper jusqu'à 55 animaux. Le mâle dominant a sur le dos un aileron qui peut atteindre presque deux mètres !

Les jeunes orques restent près de leur mère pendant plusieurs années.

Où naissent les bébés cétacés ?

Les baleines et les dauphins mettent au monde leurs petits sous l'eau, et ceux-ci sont tout de suite capables de nager. Un bébé baleine s'appelle un baleineau. Le bébé du grand dauphin mesure à peu près un mètre à la naissance, et ses nageoires sont souples. Le bébé tète le lait de sa mère pendant de nombreux mois. La mère élève et protège son bébé pendant près de deux ans.

Les baleines grises voyagent-elles ?

Oui. Tous les ans, les baleines grises parcourent des milliers de kilomètres pour se reproduire. C'est la migration. Dès l'âge de deux mois, le baleineau accompagne sa mère.

Que se passe-t-il à la naissance du bébé dauphin ?

❶ Quand le bébé dauphin est en train de naître, une autre femelle appelée « tante » aide la mère et la protège des requins.

Grand dauphin donnant naissance à un bébé

Une femelle adulte protège la mère et le bébé.

❷ Le bébé dauphin voit le jour dans des eaux peu profondes, près de la surface. Chez les baleines et les dauphins, c'est toujours la queue qui sort en premier.

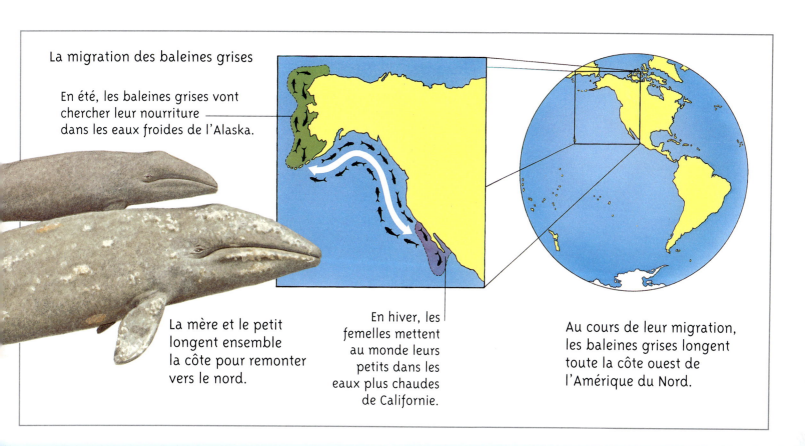

La migration des baleines grises

En été, les baleines grises vont chercher leur nourriture dans les eaux froides de l'Alaska.

La mère et le petit longent ensemble la côte pour remonter vers le nord.

En hiver, les femelles mettent au monde leurs petits dans les eaux plus chaudes de Californie.

Au cours de leur migration, les baleines grises longent toute la côte ouest de l'Amérique du Nord.

Pendant la naissance, la mère reste près de la surface.

❸ Le nouveau-né n'a pas d'air dans les poumons : il commence donc par couler. Sa mère le pousse rapidement vers la surface pour qu'il prenne sa première inspiration.

Le bébé dauphin sait nager dès sa naissance.

Quels dangers menacent les cétacés ?

Pendant des centaines d'années, les hommes ont chassé les cétacés pour leurs fanons, leur viande, leur huile et pour le « blanc de baleine ». Aujourd'hui, les baleines et les dauphins sont toujours en danger. Beaucoup se prennent dans des filets de pêche et meurent d'étouffement. D'autres sont victimes de la pollution. Parfois, un groupe s'échoue sur le rivage et ne peut pas retourner à la mer.

Que faut-il faire si un cétacé s'échoue ?

Les cétacés ne peuvent pas respirer sur la terre ferme, car leurs poumons sont écrasés par leur poids. Ils doivent donc être remis à la mer le plus vite possible. On maintient leur peau humide avec de l'eau de mer. L'eau ne doit jamais pénétrer dans l'évent.

Des volontaires protègent du soleil les globicéphales avec des serviettes et de l'eau de mer.

La pêche au thon menace-t-elle les dauphins ?

Lors de la pêche au thon, des dauphins sont souvent attrapés par accident. C'est en poursuivant des poissons que les dauphins sont pris au piège dans les filets. Dans certains pays, on pêche désormais le thon à la ligne plutôt qu'avec un filet.

Thon et dauphin pris dans un filet

On peut lire sur l'étiquette de certaines boîtes de thon comment celui-ci a été pêché.

On bascule doucement les animaux afin qu'ils reposent sur le côté.

27

Hommes et dauphins sont-ils amis ?

Depuis des milliers d'années, les hommes sont fascinés par les dauphins. On raconte que des dauphins sauvent parfois des humains de la noyade, ou aident les pêcheurs à attraper le poisson. Certaines de ces histoires sont vraies ! Les dauphins sont des créatures intelligentes et joueuses qui aiment approcher les humains. Ils ont souvent l'air de sourire, et c'est peut-être pour cela que nous les aimons tant.

Enfants jouant avec un dauphin de Nouvelle-Zélande

Peut-on nager avec les dauphins ?

En général, les dauphins ne sont pas farouches. Ils s'approchent volontier des plages pour jouer. Quand on nage avec des dauphins, il faut éviter de leur toucher la tête.

Combien de saltos ?

Les dauphins à long bec sont connus pour leurs remarquables sauts vrillés : ils bondissent hors de l'eau et tournent plusieurs fois sur eux-mêmes. Ils peuvent faire jusqu'à sept tours avant de retomber dans l'eau !

Plongeur avec un groupe de dauphins à long bec

Pourquoi étudie-t-on les cétacés ?

On rencontre des baleines et des dauphins dans tous les océans du monde. En étudiant ces créatures dans leur habitat naturel, les scientifiques peuvent apprendre à connaître la façon dont elles se nourrissent et se reproduisent, et les aider à survivre à l'état sauvage.

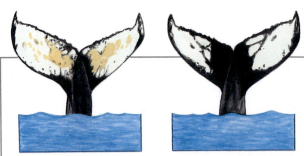

Les baleines à bosse ont une queue différenciée.

Chaque queue porte ses propres marques.

Quand une baleine plonge, sa queue sort de l'eau. Les scientifiques peuvent reconnaître les baleines à bosse grâce à leur queue, qu'elles ont toutes différente.

Peut-on suivre un dauphin à la trace ?

Les scientifiques fixent des émetteurs sur certaines espèces de dauphins. Ces émetteurs renseignent sur les habitudes de ces animaux dans la nature.

Grands dauphins avec des émetteurs sur les ailerons

Des scientifiques observent Keiko à distance

Keiko est-elle libre ?

Keiko était la star d'un film sur une orque en captivité qui était finalement remise en liberté. En réalité, Keiko vivait dans un delphinarium. Des milliers d'enfants envoyèrent des lettres pour que Keiko soit libérée et, maintenant, elle est retournée à la mer !

Keiko nageant dans l'Arctique

Glossaire

Baleineau Le petit de la baleine.

Blanc de baleine Substance huileuse produite dans la tête des cachalots, autrefois très recherchée.

Camouflage Coloration qui aide les cétacés à se fondre dans leur environnement.

Captivité Un animal en captivité est un animal qui ne vit pas dans la nature. Baleines et dauphins captifs vivent dans des bassins ou des aquariums.

Carnivores Animaux qui se nourrissent d'autres animaux.

Chasse à la baleine On chasse les baleines pour leur huile, leur viande et leurs fanons.

Crustacés Animaux comme les crabes, les crevettes, etc.

Défense Dent d'un animal qui devient très longue et sort de la gueule. Les narvals ont une défense.

Échodétection Phénomène qui permet aux cétacés à dents

de trouver leur chemin et leur nourriture. Ils émettent des sons qui rebondissent sur les obstacles et leur reviennent sous forme d'échos. Ils savent ainsi à quelle distance se trouve un objet.

Échouer Des baleines ou des dauphins s'échouent parfois sur une plage et sont incapables de retourner à la mer.

Évolution Transformation progressive au cours du temps. Les animaux et les végétaux évoluent depuis des millions d'années.

Extinction Quand une espèce animale a disparu de la Terre, elle est éteinte. Le Basilosaurus est une espèce éteinte.

Fanons Grandes lames frangées qui garnissent la gueule des cétacés à fanons. Les fanons fonctionnent comme un filtre qui retient les minuscules créatures marines ; ils peuvent mesurer jusqu'à 4 mètres.

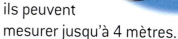

Krill Crustacés proches des crevettes vivant en bancs denses dans les mers du Sud.

Mammifère Animal à sang chaud qui allaite ses petits. Les cétacés sont des mammifères.

Migration Déplacement massif d'animaux, comme les baleines, d'une région à une autre. Les baleines migrent pour trouver de la nourriture et se reproduire.

Plancton Organismes de très petite taille vivant dans l'eau.

Pod Groupe de cétacés vivant ensemble.

Prédateur Animal se nourrissant d'autres animaux. L'orque est un prédateur, car elle chasse des dauphins et des phoques.

Proie Toute créature tuée et mangée par un autre animal.

Index

A
aileron 4, 23, 30
Antarctique 23
Arctique 8, 23, 30

B
baleine à bec de Cuvier 9
baleine à bec de Sowerby 8
baleine à bosse 8-9, 18-19, 30
baleine de Biscaye 9, 12, 14
baleine du Groenland 14
baleine tueuse 16
baleineau 4-5, 24, 31

baleine franche 4
Basilosaurus 6-7, 31
bec 4, 8-9, 11, 28-29
bélouga 8, 21

C
cachalot 8-9, 14-16, 31
cachalot nain 8-9
calmar 15-17, 22
camouflage 8
cétacé à dents 4, 8, 14-17, 31
cétacé à fanons 4, 8, 18, 20, 31
chant 20
chasse 16, 23, 26
chasse à la baleine 26, 31
communication 20-21, 28
crevette 18, 31
crustacé 12, 18, 31

D
dauphin à bosse 10
dauphin à long bec 28-29
dauphin commun 10
dauphin d'eau douce 10
dauphin de l'Indus 10

dauphin de Risso 10
dauphin de Thétys 11
dauphin sténo 11
dents 6-7, 16-17
Durodon 6-7

E
échodétection 20
épaulard *voir* orque
évent 14-15, 18, 20, 26

F
fanon 4, 8, 14, 18-20, 26, 31
faux-orque 9, 20
filet de bulles 18

G
globicéphale 9, 21, 26
globicéphale noir 9
grand dauphin 10, 24
grande baleine bleue 4-5, 8

H
hareng 17
hypéroodon 8

K
krill 18, 31

L
lagénorhynque à bec blanc 11
lagénorhynque à flancs blancs 11
lagénorhynque obscur 22
lagénorhynque sablier 4

M
marsouin à lunettes 11
marsouin aptère 11

marsouin commun 11
marsouin de Burmeister 11
marsouin de Dall 4, 11
marsouin du Pacifique 11
migration 24-25, 31
museau 4

N
nage 12, 24-25, 28
nageoire 4, 24
narine 7, 14
narval 8, 31
nourriture 4, 6, 18-20, 22, 24-25, 30

O
observation des baleines 30
oiseau 17
orque 7, 9, 16-17, 20, 23, 30-31

P
pêche 18, 26-27
petit rorqual 8
phoque 16-17, 31
pieuvre 17
plancton 5, 18, 31
proie 16, 31

Q
queue 4, 15, 20, 24, 30

R
reproduction 5, 24-25
respiration 14, 25-26
rorqual de Rudolphi 8, 14

S
saut 12, 22, 28
sei *voir* rorqual de Rudolphi
son 20-21, 31

T
thon 27
tortue 17